비 내리는 바닷가에 서서

강인숙 시집

비 내리는 바닷가에 서서

한강

시인의 말

그 한적한 바닷가에 닿아
바다풀 향 상큼함에 취하고 있다
파래잎 떠다니는 물살
끝없는 속삭임에
햇빛 손잡고 모래밭 걷는다
아쉬움만 남기면서 또 하루 저물고 있다.

2023년 5월에
강인숙

강인숙 시집 **비 내리는 바닷가에 서서**

□ 시인의 말

제1부 풍경

바다 ―― 13
풍경·2 ―― 14
풍경·3 ―― 16
산중·1 ―― 17
산중·2 ―― 19
그림자 ―― 20
회상·1 ―― 21
계곡·2 ―― 22
5월 ―― 23
사막 패밀리·4 ―― 24
커피 ―― 26
빗소리 ―― 28
인연 ―― 30
바닷가에서·1 ―― 32
어머니 꽃밭 ―― 33
밤 ―― 35
오늘은 ―― 37
봄 ―― 38
그 모습 ―― 39
내 마음에 강 ―― 41

비 내리는 바닷가에 서서　　　강인숙 시집

제2부 차창 밖엔

45 ——— 비 오는 날
47 ——— 세분·1
48 ——— 세분·2
49 ——— 비껴간 시간
51 ——— 오대산·1
52 ——— 오대산·2
53 ——— 기다림
54 ——— 오대산 밭
55 ——— 소나무
56 ——— 잠수교에서·1
58 ——— 잠수교에서·2
59 ——— 차창 밖엔
61 ——— 굴레
63 ——— 산길
64 ——— 늪
65 ——— 밤하늘·1
66 ——— 억새·1
67 ——— 억새·2
68 ——— 월정사 법고대회에서
69 ——— 해·달 사냥

강인숙 시집 비 내리는 바닷가에 서서

제3부 바닷가에서

빗줄기 —— 73
꿈·1 —— 74
차창 밖 —— 75
풍경 하나 —— 76
잠결 —— 77
물 —— 78
바닷가에서·2 —— 79
상원사 계곡 —— 80
후회 —— 81
막장 안 —— 83
진고개 —— 84
바닷가 —— 85
동지 —— 87
창 —— 88
낙엽송 숲 —— 89
진달래 —— 90
암자에는 —— 91
허허한 —— 92
제비꽃 —— 93
찻잔 속 —— 95

비 내리는 바닷가에 서서　　　　강인숙 시집

제4부 그곳에는

99 ────── 겨울나무
101 ────── 내일은
103 ────── 고인돌
105 ────── 바람·1
106 ────── 바람·2
108 ────── 낮달
110 ────── 여름 끝자락
112 ────── 창밖엔
114 ────── 계절·2
115 ────── 늦봄에
116 ────── 보고픔으로
118 ────── 꿈·2
119 ────── 가을에
120 ────── 대관령 휴양림
121 ────── 비
123 ────── 그곳엔 지금
124 ────── 그곳에는
126 ────── 밤하늘·2
127 ────── 연꽃
128 ────── 회상·2
130 ────── 묵호방파제

▫후기

제1부 풍경

바다

망사리 테왁 떠 있는 잔잔한 물결 위
해녀 숨비소리 미끄러진다
어느 해 봄날이었던가

먼 바다에서 온 해초 내음
바람결에 얹혀
해안 바위산 자락 끝
진달래꽃 맴돌던 그때가

어언 달이 가고 해가 가
자꾸만 멀어지는 풍경
물살에 쓸리는 작은 돌밭 그 울음 된다

함께하였던 빈자리 안녕이라 말 못해
투명한, 눈물 등 내 두고 온다
먼먼 어딘가에서
그 기억으로 다가올 걸음
낮엔 해가
밤엔 달과 별이 빛이 될
온종일 꺼지지 않을 등대 하나.

풍경 · 2

감나무 잎 사이로
별 둘
그리고 달

닿아 있으나 닿아지지 않는
허공을 사이에 두고서
밤 깊어 간다

쓸쓸함이 옮아 설키어서
베틀로 앉은 이 밤
어언 새벽 가까운데
서산 저만큼에 달
아직 황초롱 녹이고 있다

밤낮 오고 가도
닿아지지 않는
정녕 닿아지지 않는

유난히 반짝이는

감나무 잎 사이
별 둘
그리고 달.

풍경 · 3

끝없이 펼쳐지는 산천에
그 누구도 없는
이 광활함 서러워진다

어둠이 세상 지우기 시작하면
온종일 억눌린 외로움
또다시 헤매인다

어디쯤 가고 있을까
애타 가슴 아파지다
애타 그리워지다

무수한 별자리
무수한 빛
추녀 끝 눈물 드리워진 발
삼태성 낮게 걸리었다.

산중·1

그 고개 그날
모롱이 돌아 돌아서
애타던 걸음
이제 다시 더듬자니

연록의 산 산
신령하니 다가온다
산골짝 계곡물 옆 약수
풀잎에 담아 천 번 만 번
건네고 싶다

가파르게 휘돌아 오르는
고개 고갯길마다에는
초록 날들의 발자취
아직 고갤 넘고 있다

풋풋한 발자국 그 기슭
산천 마주하고 앉았다
맘껏 취하고 싶다

옛 주막 막걸리
표주박 잔 채워지고 있다.

산중·2

산새 흉내를 내는
아기 폭포 종알거림이
물길 따라가고 있다

맨발인 햇살이 얕은 물밑
모래돌과 놀고 있다
가도 가도 첩첩산중
인적 없음이 좋다

잔바람이 옷깃을 붙잡아
돌아서니
산마루에는 비껴간 시간들이
고개 하나 오르면 만날 수 있을까

해는 중천에서
서산 밟으려 하고
산천의 이 향긋함 마냥 젖어도
저기 옹달샘
고여들고 있는 어제가.

그림자

달빛 현란한 이 밤
앞마당 바닥엔

잎 잎마다에 이별 아픈
감나무 한 그루
기어이 쓰러져 운다

허공 아닌 바닥에서
다시 품어 보는 저 소리
바스락바스락

긴 여운같이 가녀린 소리
달빛의 가슴에도
바스락바스락

절망의 늪 고요만이 깊어 간다
11월의 밤이 춥다.

회상 · 1

여름날 남대천
섶다리 건널 때
세찬 물소리만으로도 흥이 났다

서산 닿아 있는 물속에는
한 줄기 붉은 카펫
그 길 걸었었다
대관령 가는 길이었기에

젊은 날의 시련도
함께하였던 발자국들도
물길 따라 가버린 지금
전설이 되어 가는 다리

그 위쪽 너른 돌 징검다리엔
짙은 강물 냄새
여름밤 별들도 물살에 뛰어들던
그 현란했던 시간들이
기억의 가지에 걸리고 있다.

계곡 · 2

낮과 밤 비껴가듯이
다시 한 번 더 더는 어찌할 수 없는
그 순간 애타하다

드넓기만 한 허공 저 절망의 늪 속
추락한다 끝없이

맘 아픔
후회되는 맘
인적 없는 첩첩 험난한 산속
꼭꼭 숨겨진 골짝에 와

실컷 소리 내 울 거라
이 첩첩산중 메아리로 떠돌 거라

되돌아갈 수 없는 어제라면
넌 죽을 수도 없는 운명이니까.

5월

뻐꾸기 울음소리가
연록의 나른함이 되어서
수십 년을 거슬러 가고 있다

고요만이 흐르는 야산 앞 신작로에는
한참을 만날 수가 없었던 그리운 이들이
아카시아 꽃향을 묻힌 채
집으로 가고 있다

신작로 따라 도랑물 소리
산그늘 길어져 가는
층계 논 몇 자락

덩치 큰 산 가슴으로 품은
기차 굴 기적 소리 멀어져 가는

그 울타리 안을
다시는 나오고 싶지 않은

나른함이 그 나른함이 초록으로 짙어 간다.

사막 패밀리 · 4

가슴 깊은 어디에선가
전생의 기억 애잔하니 풀리는
모래바람의 노랫말

뿌여니 겹겹의 세월 어리어

이생에서 마주한 신기루
다하지 못한 그 사람
다하지 못한 시간들이
환생인 듯이 채워지고 있다

또 하나의 의미 없이 모래성은 쌓이고
바람결 무늬 고운 이랑
몇 생을 거듭나야
외롭지 않은 발자국 될까

생을 다한 한 줄기 유성
어느 성녀의 옷자락
아기별들이

실눈 달이
밤물결 출렁임 되어 거듭 피는 꿈일까

모래바람으로 그 사람을 부르다
모래바람 속 그 목소린가 하다
기약 없는 또 하루에 슬픈 잠이 든다.

커피

설핀 꽃잎 하나
잔상으로 떨어진다
여울지는 자그마한 검은 호수

파문 져 노 없이 다다르는
지난해 또 그 지난해

의미 잃은
초점 없는 시선
그 슬픈 강가 닿는다

낯익은 풍경이나 빈자리
아득함까지 깃들어
엮으려 하나 엮이지 않는
다하지 못한 뒤늦은
그림자 안는다

존재하였으나 존재하지 않는
그러나 그때인 듯이

그 매혹의 향
시간이 떠났음을
알지 못하는지

색 바랜 그 자리
마주 앉아 웃고 있다.

빗소리

아득한 시간들이 오고 있다
함께 놀아 주었던
앞마당 아카시아 잎들이
빗물 떨어뜨리면서 오고 있다

더는 서러움 감추지 못하고
헤어져 있던 그 긴 시간
끝이 보이지 않는 이별
알아 저
앞산이 흔들리도록
운 날들이 있었다

시간의 장막 켜켜이 닿아
그때 그 젖은 메아리
내 빈 마음터까지
지금 와 있다

반가워라 맨발인 채 서서
창 여니

긴 여행으로 검어진
눅눅한 옷 속에서
나를 찾아온 낯익은 목소리
앞마당 아카시아 잎들이
비에 젖고 있다.

인연

무거운 마음의 새 한 마리

한두 번 두세 번
짧은 울음이지만
아픔을 다 토하지 못하는
그 무너짐이 와

간절한 무언가가 다가가지는

소리마저 낼 수 없는
한번도 들어본 적 없는
슬픔 가득한 저음으로
그 마음 전하다 간다

장마 뒤 태풍 비 끝났어도
잔뜩 가라앉은 하늘색
어제오늘 거듭
그 마음 전하다 간다

유월이 오면 알지 못할 새
집 가까이 와 울다 간다
아픈 마음 새 한 마리.

바닷가에서 · 1

바람이 바다를 쓸며
오고 있다

나는 형벌의 돛처럼 서서

무념무상
저 집착 없음이 서럽다

하얀 모래밭에
결 고운 무늬를 그리던 바람이
뜻밖에 내 발자국이
그림을 완성시키자
전생에 인연이었음을 알고

아, 황홀하다
푸른 춤 출렁 추고 있다.

나는 저 하늘 너머 인연 쫓아
푸른 한숨 쉬고 있다.

어머니 꽃밭

노랑 분홍
흰 장미 무리 그 향
먼 기억 풀고 있다

진달래 그늘
흩어진 목단 꽃잎
어린 참새
어지러이 노닌다

해 담뿍 매단 주목 두 그루도
울타리 재다 빨간빛 잠이 든
줄장미 작은 꽃송이들도
귀에 익은 그 발소리 기다린다

창 가득 기댄 잣나무 넷
방 기웃거리다
거울 속 제 모습에 넋 놓아
산 숲속이었던 그 내음
아직 흐르고 있다

이층 넓은 난간 위에는
퉁겨져 흩어지던 빗방울들
빗방울마다 비 내리는 또 한세상
정갈한 구석구석 장맛비 오고 있다.

밤

가늠도 불가능한
어마한 덩치 무게가
무서운 속도로 둥둥 떠가는

별에서 별 아득하여
이만으로도 광대한 세상
은하의 강
둥근 배 한 척 가고 있는

몇천 몇억만 광년이어야 닿는
별빛 속에서
허공의 끝 어딘지

태양계도 은하에 비하면
은하도 대우주에 비하면
망망대해 속에 조약돌이라는

이 광활한 곳에서
어느 방향 접어드나

내 어머니 가신 길 지구호
제대로 쫓아가는지 애타는.

오늘은

밤비가 내린다

오동 나뭇잎들의
기억을 흔든다

순수한 맘
어제의 서툰 이별
아픈 후회 끌고 온다

이젠 잠으로도
가두지 못하는 흐느낌
빗소리에 묻히고 있다

마당가 작은 돌들도
낙숫물에 깨어
목 놓아 부르는 이름에

밤비가 내린다
밤비가 내린다.

봄

원망스러운 바로 전 시간
펴 놓고, 저 한스러운 문
문만 보고 있다

기억 속에서도 길마저 잃은
얽혀 버린 순간들이
의미 잊은 하루하루
빈자리 꿈인 듯이 보고 또 본다

소홀했던 순간들이
돌이킬 수 없는 영원이었던 걸
원한 적 없는 이별 뒤에야
천벌처럼 기다리는 고문은
무너져 내리는 그리움이다

경황없이 이별한 문
문을 나서니
앞마당에 감나무도 오늘은
참았던 눈물 쏟고 있다
초록 눈물 마구 쏟고 있다.

그 모습

바다는 지금
보드라한 내 어머니
본견 한복 그 치마 빛이다

간간이 작은 무늬
제 실 제 빛 조화
아득해진 실크로드 따라
필체로 펼쳐져 있다

갯바위 물보라 무지개
꿈길 펼친 푸름
어느 황실 여인 비단 옷감
토박이 걸쳐 본다

괭이갈매기 설렘, 덩달아 만져 본다

내 어머니 치마 끝 팔랑이던
어제의 그 바람결인가
젖어드는 시선 끝 저 너머

기다림의 갯바위 돛
하얗게 재가 되고 있다
하얗게 부서지고 있다.

내 마음에 강

마음 둘 곳 없는
허허로움이
길 떠난다

그리움
밟고 밟으며 가다가

서녘 해 기우는 산천
서러움에
젖고 있다

별빛 고운
꿈결 같은 밤 와도
내려놓지 못할
사무친 그리움

되돌아오는 바람처럼
더는 못 가고
그 자리 다시 서고 만다.

제2부

차창 밖엔

비 오는 날

창밖에 비 내리고
떠나간 시간들이
오고 있다

세상은 빗속에 젖고
나는 반가움에
창을 연다

난 이만큼 멀리 와 있는데
비에 젖는 세상이
날 부르고 있다

빗속에 밀려드는
추억에 젖는다

떠나지 않았어도
떠나지고만 날들이
보내지 않았어도
보내지고만 날들이

오늘은 비가 된다
온종일 비가 내린다.

세분 · 1

밤하늘 별자리인 듯이
가슴 언저린 그 인연
어두움이 어둠의 무게로
마냥 어둡게 무너져 내리는

이 밤 별자리마저 길 잃은
기억의 가지에 야윈 등 하나 단다
보낸 적 없지만 혼자되어
그렇게 다 한세상이 되어
어쩌면 뒤돌아올지 모를 길목에

이보다 더한 아픔 또 산다 해도
지난 길 쫓아간다
잠에서 깨니 꿈인 듯이
먼 훗날에나 뒤돌아볼 화석인 듯이
검게 탄 화석이 된다

보고픔의 벌 견뎌야 하느니.

세분 · 2

놓쳐 버린 순간들이 믿기지 않아
밤 깊숙이 서면
닿아지지 않는 먼먼 거리
무수한 빛들의 침묵

침묵이 야속해
뺨 위엔 이어져 흐르는
수천수만의 별 별자리

어디쯤에선가 뒤돌아
울음 삼키지 못하는 그곳 이으려 한다
어둠이 안쓰러워 빛 거리 잰다

영영 비어 있을 내일
무너진 맘 자락에는
끝없이 별 별자리 흘러가고 있다
끝없이 별 별자리 떠돌고 있다.

비껴간 시간

다다를 수 없는 먼 먼 거리
별 된다
돌, 흙이지만 반짝인다

빛의 속도로
몇천만 광년 달려와
지구라는 행성에서
밤마다 네 별자리 찾는
덩치 큰 외로움
한 점 별아

시간은 흐르고
떠나간 날들은 멀어져 가고
갈증 심한 그리움
먼먼 곳 되어 반짝인다

외로움의 동병상련
덩치 큰 외로움 너같이
풋풋한 상처의 날마저

길 잃은 듯이 오게 하고픈
어느 먼 곳 가고 있을까, 여기
나도 반짝일 테지.

오대산 · 1
―산길

산사에 목탁 소리
긴 골짝 계곡물로
떠나고 있다

겨울 햇살 간지러운 산촌
기약 없는 이별
서러워 섶다리
길 막고 있다

비워낸 속
멸해지는 진리 하나로
가고 있는 무한의 공간

물속 돌들의 곡소리만
섶다리 한세상 인연으로 남아
정적으로 칠해진다.

오대산 · 2

가을이 걷는다
부연동 산 오르막길

풍경 속
자연만 가득한

잎새마다 떨구는 햇물
발길 떨어지지 않는 눈물 고인다
쓸쓸하나 맑은 꿈 거두려니
합장한 두 손 흔들리는 맘

산신 같은 옛 선인
고독으로 일군 도라지밭
나그네 기쁨 머물더니
계곡물 약수 그때처럼 또
그 누구 기다리려나

그곳은 이미 그 옛적 아닐까
가던 길 더는 못 가고 서성인다.

기다림

귀에 익은 물결 소리
그 팔월 초입
아직 지워지지 않은 길 가고 있다

보드라이 맨몸인 파래
요람인 듯이 물살에 업히었다
지켜보던 골뱅이가
어린 성게가
그만 졸고 있다

여름 볕 뿌리며 팔월은 가고 있는데
오지 못한 인연 때문에

그 갯바윈 운명처럼
상큼한 내음 숨 쉬고 있는데
수평선 너머 너머
돌아서 갔던 바람결마저
쉬는 듯 구르는 듯이 오고 있는데.

오대산 밭

작은 계곡물 있는
낙엽송 숲 걸어온 볕
풀 마당에 앉는다

빈 밭가 한숨처럼 뒹구는 돌
물길 만들어
원시림 찬 공기에
도솔천이라 문패 달아 놓은 나를

이젠 올 거야
발돋움한 쑥들이
돌담도 허문 채 기다린다

하루가 십 년처럼 더딘
터를 넓혀 가던 어린나무들이
수없는 나이테 긋고 있다
기다림을 접지 않는
쑥의 옆에서

5월의 볕도 애가 탄다.

소나무

덮고 있는 밤 이불에
별빛 떨어져 있다

잠결인 듯이 뱃전에 부딪히는
은하수 건너는 물결 소린가
가지마다 매달아 놓은
등 띄우려 한다

죽음이 갈라놓은
사랑이 아파서
한 해가 저물었어도 초록 몸인 채
천년이 가도 또
천년이 간다 해도
네 향에 네가 취하면서 기다린다

사랑이 떠난
그 자리에서.

잠수교에서 · 1

해 기우는 남대천 속
장밋빛 붉은 길
하늘 가까이 더 가까이
서산 가야 한다네

낮에도 다녀온
은 조각 반짝이던 길
낮달에 정화수
가져갈 수 있었다네

별 촘촘한
달빛 일렁이는 길
봄 여름 가을 겨울
강물 내음 몸단장으로
가고 또 가야 한다네

불효의 눈물 밟으면서
천상의 제단
대관령 가야 한다네

오롯이 극락왕생 소망하나
천상의 제단
대관령 가야 한다네.

잠수교에서 · 2

동안거 중인 스님 옷
가득 널려 있는 물속 하늘
달구어지지 않은 해가
법복 말리고 있다

정월보름이 낼모레 글피
어느 산정山頂 신당神堂에서
갑자기 부정 씻는 비를 보내나

겨우내 메마른 먼지 씻고
첫 달맞이
제 올릴 음식 차리느라
강물도 빗방울로 모 심기 시작한다

달구어지지 않은 해가
징 울리고
농부가도 모 줄도 없이
덜 마른 옷 챙겨 입은 스님들
논농사 울력 중이다.

차창 밖엔

산골 작은 장터
온통 흰 옷뿐이다
갓 쓴 할아버지
쪽진 아낙도

이른 가을 해로 취해서
잘못 든 길인가
이조 시대 어느 오일장터 지난다

가을 거두미가 남아
잘잘 끓이고 있는 산천
흰 무명 수건 쓴 할멈이
낫 꽂힌 망태기
금 간 질그릇 속 감추고
대장간 앞 머뭇거린다

십 년 세월이 어언 다섯 모퉁이
거긴 어디쯤이었는지 적막한 산중
부여 수학 여행길 버스가

흙먼지 빗질하고 있다
켜켜이 쌓인 시간 속에서도.

굴레

눈[雪]꽃, 긴 잠으로 얼려 놓은
저 겨울 숲
무명 수의에 싸인
냉동고 안이다

봄여름 가을의 죽음
그 혼백의 씨앗 보관 중이다
한생의 기록이
염라대왕의 심판 기다린다

발자국 남기지 않는
달인 듯
별인 듯은 아니고 싶다
지난 생의 어느 공덕 있어
다시 온다면, 가슴 아린 이별
그 이전 이정표 남기려 한다

계절은 계절에 밀리어서 지금
한기 서린 침묵만이 멈추어져 있다

곳집 같은 외딴 산녘
저 겨울 숲 간이역 도착했다.

산길

멀어져 가는 시간들을
지우지 못하고
초록 발자국으로 들여다본다
무영봉 칠부 능선
고사목 나무 한 그루

한낮의 적막만이
산길 걸어와
옛이야기 나누다 간다

바위 아래 제비꽃들이
햇살 훔쳐다 일군 밭고랑
산 아래 갈고 있는 여긴
고라니 산토끼 누구 집일까
초록 이끼 고사목 동굴

어둠이 꿈길 달리는 소나무 향 사이로
누군가의 잠 속엔
초록 비 뚝뚝 떨어질 것 같다.

늪

허공의 끝 있으려나
지구라는 행성에서
무수한 별들을 동경한다

루비 사파이어
다이아몬드 금 가득한 행성이 있듯
분명코 어렵사리
시간 여행 가능한 별 있으려니

별들의 외로운 길목 어디
지울 수 없는 시간으로 갈
문 있으려니
애틋이 쫓을 길 있으려니

시선 닿지 않는 허공 지나
무수한 별들을 동경한다
죽음이 있는 행성에서.

밤하늘 · 1

해 지고 혼인 양
북두칠성 지나
저 별자리

낯익은 눈빛
낯익은 목소리
낯익은 손 내밂에 끌려 보니
긴긴 낮 찾아 헤매었던 당신

밤의 솔기 사이
장독댄 촛불 하나
육신을 벗고 있다

뼈마디 마디
검은 눈물 글썽이다
들춰진 기억 좇아
길 여나니
혼불 되나니

가뭇하게 멀어라.

억새 · 1

갈 볕에 흰머리
측은히 빗고
발돋움으로 긴 목
기다리누나

애타다 서러운 눈물
바람의 옷깃 잡고
황망히 찾아 나서누나

혹시나 되돌아선 걸음에
풀 꺾인 싸늘한 공기
아팠을 수많은 날처럼
오늘도 그렇게
기다리누나.

억새 · 2

하얀 명주옷 고름 날리는 여인아
산 위에 서서
한계령 굽이마다 그 누구
이별 서러운가

골골이 싸늘한 침묵
술로 마시며
가는 걸음 되돌아오길
설악 바위 되는가

기약 없는 기다림
바람길 촛불 같아
반짝이는 빛
흔들리고 있는가

왔다가 빈자리
영영 이별일까 봐
망부석 노래
옷고름 끝 달고 섰는가.

월정사 법고대회에서

생은 허공 속
떨어지는 낙엽
순간은 있으되 없는 것

삶에 한 조각
비워진 날들은 꿈이었나
젖어 드는 눈엔
산사에 푸른 풍경
어른이고 있다

산중 계곡 바위 물엔
낮별, 별자리 만들어
찰나의 생 먼먼 훗날
생사에 이별 없을 꿈 연다

장엄한 북소리
현란한 법복
가던 길 멈추고 번뇌도 잊는다.

해·달 사냥

홀짝 뛰면 닿을 것 같네
사다리 하나쯤 아니
무지개면 쉽겠네

빨래해 놓은
흰 명주 보자기 이불 홑청
널른 널른
바람에 말려지네

돌·내[川]·산도 없지만
가야 하는 길
정확히 가네

이정표 없는 세월의 길
돌아가려네
하늘길 가는
하얀 신, 붉은 신
가져와야겠네.

바닷가에서

제3부

빗줄기

멀고 먼 막막함이
맥없이 무너지는 봇물 된다

아득한 길
가녀려진 강줄기

지류도 만들어지지 않은
길 하나로
수직 낙하한다

손길 그대로인 집 마당

천상과 이어지는 하나의 세상
가슴 멍한 아픔이지만
잠시 세월도 잊은 듯이
이대로 끝없을 듯이

어제의 문고리를 당긴다.

꿈 · 1

새벽으로 가는 여름밤
산산한 공기
늦은 잠 보챈다

마당 어귀 풀 향 한 가닥
잠길 밝히면
전설 풀고 있는
그 봉화대 언덕
은하수 쏟아져 내리는 곳
북두칠성 별자리 쫓아 달린다

손잡이 쪽 당겨야
땅으로 쏟아질
다시 만나게 될 가족

그 봉화대 언덕
서서, 손끝 닿을 듯
닿을 듯이.

차창 밖

흰 옥양목 펼쳐 놓고
넋 놓은 듯
한 땀 한 땀 눈물 깁고 있는
겨울 산천

빛을 허공에 박아
발자국마다 기억 매달아도
푸른 날은 해 달처럼
비껴갈 뿐

가신 이 어느 분이신데
개울물도 서럽게 울다
숨었다 들키는 듯
들켰다 숨어 흘러가는 문상 길

세상 가득
고요를 흔드는 통곡 소리
삼베 핀 꽃은 숲들은 무명 버선발로
슬픈 합창 요령 울리는 꽃상여
보내고 있다.

풍경 하나

공 하나로 심심찮은 돌고래가
섬으로 있는
송지호 방파제

볕에 씻긴 흰 바위 울타리엔
작은 모래밭 하나 있다
소나무 숲 어딘가 샘터
불로초 신비 달여지는 무인도

파도 소리로 남겨진
여름 닮은 그 많은 날
릴 낚싯줄에 던져졌다
수심 깊이 미끼 내린
우끼인 듯, 은빛 팔딱이는
남정바리인 듯

긴 시간 비워진 자리마다
이젠 낯설지 않은 짜디짠 외로움
방파제 위엔 그때처럼
볕 서성인다.

잠결

밤비가 내린다
쇠잔한 귀뚜리 소리
빗소리에 묻히고

속절없이 또 하루 이별한다
비워도 비워지지 않는
지나간 시간들이
빗줄기로 오고

태초에 세상
태초에 소리
잠결 같은 두려움 일렁인다
잠결 같은 환희
빗소리에 젖고

허공의 길
내 식구의 발자국 어딘가에 있을게다
떠나지지 않았을 아픔을 읽는다
절망의 끈 쥐고
밤비가 내린다.

물

멈출 수 없는 형벌, 가노라

천 길 낭떠러지
결 고운 반석 지나
낯익은 듯이 다가오는가 하다가

멈출 수 없는 형벌로 가고 있다

침묵만인 허공 그 속
오롯이 별 하나 길동무
아는 듯 모르는 듯이
지나가는 발자국 젖고 있다

어느 생이었나
깊고 깊은 인연 소홀히 한
다신 마주할 수 없는
비껴가는 운명

멈출 수 없는 형벌, 가노라.

바닷가에서 · 2

여기에도 밤은 와
잠 속이려니 싶었는데
잠들지 못한 흐느낌 읽힌다

어느 작은 골짜기
애틋한 인연 두고 와
깜깜한 가슴 뜯을까

윤회의 길 떠남 없을
세상 밖 헤매다
별 하나 눈물 속
가슴 긋고 간 자리
이정표라 접어 둔다

다시 만날 날 막막해도
언젠간 함께 갈
별 찾고 있다
잠 잊고서.

상원사 계곡

무늬 고운 반석엔
몇몇 겹의 비밀
고작 무릎 잠길
얕은 물속 숨겨져 있다

낯선 길 가던 어린 낙엽
뱅글뱅글 머뭇거리며
엿보고 있다

전 전생의 기억
들추어낸다

계곡 물가 산비탈엔
그늘 비낀 저녁볕
순한 강아지같이 엎디어 있다.

후회

별 헤이다가
개울 물길 따라가 보다가

그늘 없는 뙤약볕
색색의 채송화 꽃빛 속
여름 장맛비인 듯이 눈물 숨기다가

어스름 어두움은 나리고
한두 집 불 켜지는 낯선 곳
갈 곳 없는 나그네처럼

더는 어찌지 못해
무너져 내리는 뼈마디 마디
그냥 울고 말아라
마냥 울다 뒤늦은 깨달음
더 북받쳐 울어라

소리 내 운들
맘 아플 아무도 없는 이 보고픔

을씨년스런 초겨울 비처럼 서러워라

어머니 손 놓친 그때 칠일 장터처럼.

막장 안

녹색 이끼 옷 입은
산골짜기 작은 돌들
보석 광산이었다
그 골짝 오르면 소나무 사이
큰 액자가 있었다

누가 그린 그림인지
아이는 궁금해하다가
어젯밤 옛날이야기 속
도깨비방망이 생각났다

바닷가 산자락 끝
보석 골짝 오르면
아마 오늘도 그대로 있을
푸른색으로만 그려진
액자 속 그림.

진고개

장맛비 오는
초록산 능선
산신령의 옷자락
하늘거린다

고개고개 어느 옛적
청빈한 발자취가 남긴
한숨 섞인 노랫소리
송천 약수터
들린다

높고 깊은 산세
구름 같은 생
비워져

오대산
적멸의 향으로
피고 있다.

바닷가

얕은 물속 모래밭
볕 잠들어 있다
잠 속 가다
꿈에 다다랐는지
조개껍질 다가간다

모래 한 알
해안 어느 바위산이었던
전설 같은 지난날
바람길 해무, 천계의 비밀인 양 덮으려 한다

저만치, 영영 잠들지 못하는
놓쳐 버린 시간
작별의 인사도 없이
멍 되어 푸르게 아프다

후회의 아픔만 안은
저 물빛 몸으로 섰으니
바람과 눈비에

모래 한 알로 눕겠다
볕이 꿈을 지고 와 잠들게 하겠다.

동지

마귀를 쫓는 붉은빛
펄펄 끓고 있다
지옥의 유황불 속 액운이 모두 죽고 있다

믿고 싶지 않은 안 좋은 일들이
십이월의 캘린더처럼 가고 있다

춤추는 붉은 치마폭에
동글동글 둥근 새해가
떠오르고 있다

처마엔 더 깊어진 하늘빛
고드름에 칠해지고
눈에 묻힌 마을
팥죽 맛으로 엎뎌 있다.

창窓

내 마음의 창은
하늘이다

제비꽃 빛 묽게 칠해 놓은
저곳은
젖은 내 마음이
봄 햇살을 자리 깔고
눕는 곳이다

가지 못해도 만날 수 있는
조각난 꿈들이
갖가지 색으로 피어 있다
나는 하늘이다가
깜짝 놀라, 나는 하고 찾는

닦지 않아도 되는 창窓
열지 않아도 되는 창窓
내가 없어지면
나를 찾아내는 곳이다.

낙엽송 숲

그리스 신전 기둥들
불타는 햇살 업고
신화 속 이야기한다

물소리 시원한
열여섯 소녀 같은 몸
허공은 초록빛
여름 궁전

휘어짐을 거부하며
하늘길 여는 건
찰나에서 영원으로 가는
여신의 바람

색 색색의 야생화도
옹달샘 속 하늘 연다
산 공기 배인 언덕에
바람결 찾아들면
세월에 가슴 담는다.

진달래

분홍 촛농으로 찍어낸
일란성 쌍둥이들
해 뒹구는 산녘마다
옹알거린다

가녀린 숨 나풀나풀
다독다독 잠재우는 볕
손가락 끝마다 새싹들의 간지럼

아기들이 깰까 봐
낮달도 빼꼼히
하얗게 몸 감춘다
쌔근쌔근 따스한 잠결

산자락도 졸리다.

암자에는

찬 공기가 좋은 산사 숲속
인적마저 없으니
꿈꾸는 듯 가을 햇살
적막에 취한다

빈 마음 어디 둘까
숲길을 걷는데
스치는 바람결에 떨어지는
낙엽 소리
낙엽 비

맑은 계곡물
그늘진 곳 굽이돌아
영영 떠나니

이별 싫은 어리석은 중생
삼법인 갇혀
그 절망 산그늘처럼 내려앉아도
숲길은 고요히
산 내음 향긋이 건네고 있다.

허허한

무지갯빛 골라
제비꽃으로 쏟아놓던 햇살
산그늘로 비껴 앉으면

달빛 노 젓던
풀벌레 울음소리
차가운 흙 속엔
꿈으로 남네

바람 부는 가을 산속
도토리 나뭇잎 떨어져
다람쥐도 이 한 해
다 감을 아네

비워지는 모든 것에
가슴 젖는 구름
산 능선 걸려 있네.

제비꽃

늦잠 깬 무영봉 숲
어젯밤 풀 내음 이부자리
햇살이 걷고 있다

방금 지나간 길
물어봐야 하는 어린 다람쥐
풀 이슬은 어데 간지 없다

보라의 가문과
초록의 가문이
일가를 이룬 집성촌
그 사립 울 앞에
어린 다람쥐 도착했다

어미 새처럼
먹이를 날라 준다. 바람
들리지 않는 젖 울음소리에
턱 고이고 엎디면
석간수 물소리 같은 옹알이

풀꽃들의 귀 쫑긋하다

햇살의 눈도
보랏빛이다가
초록빛이다가.

찻잔 속

커피 향이 불러온
어제의 우리들 이야기
장맛비에 젖고 있다

긴 빗속 해처럼
반가움에 달려간
주저 없이 달려간
그곳엔 아직

호젓한 여름 바다이고
갯바위마다엔 푸른 비밀
아직 숨 쉰다

파래 잎 사이로
작은 물고기 몰려다니는
얕은 모래밭
태양도 텀벙이는

식어 가는 찻잔엔

배경 음악 장맛비 소리
그날의 영상들이
이 순간을 마시고 있다.

제4부

그곳에는

겨울나무

거실 큰 창엔
몇 남은 나뭇잎에 바람 그려진
묵화 한 점

별 한 가닥 뽑아
붉게 도장 찍혔어야 할
절절했던 희로애락의 순간들을 인화하려 해도
비워진 자리뿐

진달래 꽂혔던 푸른 지게엔
비워진 두께만큼의 그리움 얹혀 있다
해 기울기 전 빈 가지 강줄기
지류 따라 흐르고 있다

미련 두지 않는
더럽혀지지 않는
햇살의 마음 되지 못하고
해거름 뒤 지워져야 하는
그림자 붙잡고 있다

벽까지 들이찬 해 달구어짐이
팔베갠 듯이
꿈인 듯이 취하고 있다
언젠가 그 깊은 산속
아궁이 솔가지 타던 냄새 불러온다.

내일은

폐허가 되어 가는 집에도
장맛비 내린다

함께했던 자리마다
추녀 끝 쏟아내는 빗물
후회되는 시간 아직
그 문턱 넘지 못했다
풀 우거진 마당으로 앉아
넋 놓고서

대문 밖 귀 기울이던
발소린 캄캄해서
멀어도 가까운 듯 가고 있는 거기
까마득히 비, 가슴 뜯으며 오고 있다

빈터로 걸어갈 내일이지만
오늘은 장맛비 내려
메마르지 않은 들판을
언젠간 나뒹굴 섬돌에 새겨 둔다

실컷 울어 다신 울지 않을
어느 달빛 잠잠한
바람 한 올에도 무너지고 말
그때를 잊는다.

고인돌

먼먼 시간 걸어
오늘이구나

만날 길 막막한
뒤쫓아 온 인연
온 날 모두 거두고 싶은
후회만 안았구나

저만치 야트막한 산
바위 풀 벌판
시선 닿는 곳곳
의미 잃은 낯섦 고여드누나

먼 길 같이한 이끼
야문 몸 축축하니 젖어도
모르는 듯이 햇살 덮었구나

덩그러니 낯선 세상
또 몇천 년 길가

무량한 시간 출발지 전인듯이
그날 손꼽는구나.

바람 · 1

초록 폭포수 쏟아내는 대숲 되어
애달피 옛 기억 뒤적이며
그 자리 맴돈다

허공마저 젖고 있는 저 소리
어느 생이었던가
허망한 이별 끝
삼백예순날 기약 없던 기다림은

마를 새 없는 손수건 든 채
덧나는 상처 안은 채
원혼 되어 그리움의 날 부르고 있다

또 다른 숲 간드러짐에도
설렘은 무심처럼 보내었다
이 넓은 세상
알뜰히 비워질 걸 알아도
대숲 폭포수로 울었던 긴 기다림
부서진 시간의 끝에서.

바람 · 2

형상 없이 살아 있는 너는 혼

그 인연 어이
그 육신 어이
그 이별 어이하였고

절망의 먹구름 갈기갈기
넋 놓은 눈물 쏟아내다
전할 길 없는 막막함
혼자만의 길에 들면
이제 이승은 꿈 되어
지난 꿈 되어

다음 생 어느 한 날
온몸 저려지는 꿈속
실컷 한 맺힌 울음 터트릴 게다
누구나 한번은
이승의 혼 되어 떠돌다 가는

텅 비워진 세상
마지막 걸음 옮기고 있을 때.

낮달

긴 시간 속
끝도 없을 이야기
말을 잃었나

나도 말을 잃고
내 눈 속에 널 담다
발아래로 자꾸만
조각내고 있구나

앞마당 뛰어오다
떨군 반쪽
손에 쥐면 그 모습
젖은 자리뿐

숨차게 놀다
그땐 잊었구나
어느 길 돌다
이리 늦은 만남을
그때 떨군 반쪽

단지 속 얼음조각

그늘진 마음으로 가던
낯선 벌판, 저기
색 바랜 하늘에서
널 만날 줄이야.

여름 끝자락

낮의 고요가 서먹하게 깨어 있는
마당, 볕 쉬고 있는 초록 초롱들
감나무 요람에 잔바람도 기대었다

뜨거움도 이젠 식으려 한다. 길목에
꽃색 짙은 만장 펴놓는다
어지러이 난 길 아직 벗어나지 못한 채
회한의 시 한 수 쓰고 있다

팔월이 가면 이 한 해도 다 가고 말아
귀뚜리 가슴 쓸어내리는 울음
길모퉁이 돌아서면
그냥 이별인 걸 아는 게다

귀뚜리 울음 보자기에 싸서
뒤란 돌아 차라리 회한의 시구에 든다
서늘함 배어 있는 얕은 우물엔
바가지, 물이랑 만들고 있다
이곳에도 볕은 나뭇잎에 잠들어

물빛 곱게 백열등 켜 놓았다
어릴 적 방에 등 켜져 있다
물이랑 베고 누운 나뭇잎, 잠 속
꿈길 걷는 중이다.

창밖엔

백열등 불빛 있어, 창 여니
와르르 쏟아져 들어오는 하얀 침묵
회색빛 낮아진 허공 빼곡히
흰 수의의 넋, 넋

이승을 떠났던
혼들이 오고 있다
우매한 발자취
그 무거웠던 육신 훌훌 벗고서
천년의 기억처럼
어스름히 오고 있다

허허벌판 온 길
황망히 눈물 긋고 간 자리
깊은 인연 다신
마주할 수 없는 이별이었음을
운명은 차갑게 형장으로 끌고 갔다

칠월칠석날 오작교처럼

넋이 이동할 수 있는
배 띄워지는 밤
형장 가까이 다신
가지 못하리란 믿음이 그런데
수많은 넋들이
밤을 훤히 낮으로 밝히며
아득하여진 슬픈 기억으로 오고 있다.

계절 · 2

어제는 팔월이 대문 밖 나섰는데
앞마당에는 달빛만이
계절을 붙잡는
귀뚜리 울음소리 애처로워한다

아직은 푸른 숨 쉬어
팔월이 묻어 있지만
내일은 전설처럼 허공을 떠도는
이야기 속에서나
어제를 들을 뿐이겠다

이 단 한 번의 흔적
아쉬운 듯 제 그림자 들여다보다
선정에 드는 뒷모습
곳간 속 가득 쌓인 재물처럼
감추며 들여다볼 세월이
모아진 두 손의 기도 속에서
세상사 소멸 내일은 만남이라는 바람 하나.

늦봄에

바닷가 모래밭 누워
눈 감는다
쏴아아, 쏴아아

물결 소리에 밀려, 떠간다

쏴아아, 쏴아아
바다 한가운데 어디쯤인지
깊고 깊은 수심이
두려움으로 일렁인다

감은 눈엔 온통 붉은빛
해 속까지
떠왔나 보다
놓쳐 버린 인연 만날 수 있다면
쏴아아, 쏴아아

그때까지 떠가련다.

보고픔으로

몸은 고향 별
마음은 우주 헤매인다
천왕성 명왕성 지나
태양계 벗어난다

우리 은하 그 어딘가
떠나간 시간들이
눈물 머금은 채 서성일 것 같아
달빛은 잠잠히 지구별 감싸 안고서
방아 찧는 이야기 잇는데
어제만 찾으면 되겠다

밤새껏 별 밟다가 허탈한 맘
우리 은하 벗어나
더 먼 우주 갈망한다
몇천 몇억 아득한 시간 속
어둠과 차가움에 젖다
더는 어쩌지 못해
애타 부르는 이름

서러이 부르는 이름

두터운 어둠 속 어디로 가야 하는지
찰나의 생 한 점
절망은 빅뱅 폭파된다
초신성 세상 연다.

꿈 · 2

실계곡물 흐르는 인적 없는 이곳
볕 혼자서 종일
긴긴 사연 풀어내는 물소리에
잠들었다

울창한 낙엽송 숲 싸늘한 공기가
흐드러진 갖가지 야생화 꽃빛 치장하고
가만가만 잠 속, 뒤쫓는다

이젠 기다림을 접어야 한다는
아무리 들어도
가엾은 이야기

영원할 것 같았던 시간들이
떠나고 난 뒤
세상에서 가장 아픈 기다림이 되었다는
사라진 꿈은 비눗방울처럼
아득해진 천진한 날의 비눗방울처럼
언제 사라질지, 그러나 접어지지 않는
비껴간 물소리의 기다림은.

가을에

하늘 가득 채워진
마음 안의 못에
고향 발걸음 소리가 고인다

산 너머 물길 돌아
숨찬 단풍 빛 얼굴로
가을 산 구석구석에다
발자국을 찍어 놓는다

개울물 소리 따라 달려간
들꽃의 저고리 고름에
한 줄기 볕 노리개를 채워 주지만
건네줄 마음은 노을뿐

마음 안의 못을 흔들던
고향 발걸음 소리가 어느새
징검다리를 건너가고 있다.

대관령 휴양림

아흔아홉 능선 따라
연초록 잎 술렁이는 길
그냥 가게 하옵시지

사바세계 등지고 앉아
투명한 공의 화두
걸림 없는 무릉도원
훔쳐보는 업 하나
보태어 주시었습니다

탐욕도 씻고 씻으면
저리 깨끗한 몸짓으로 흘러
어리석은 중생
구제되었더이까

감히 손 닿을 수 없는
맑은 이치
새벽 소나무 숲 지나온 별
무엇 때문에 저리
저물녘까지 넋 놓아 서 있습니까.

비

층계 논도랑 물 따라
민들레 꽃색 물든다
신작로 뒹굴던 돌멩이
기억 한 올, 잠결같이 오고 있다

깊은 인연 남달라서
아득한 시간 먼 먼 길이지만
근심 모르는 눈빛
푸른 숨 헐떡이며 오고 있다

잃어버린 나의 웃음
절여진 그리움을 안고
고향 집 도착을 미루고 있는데
이토록 남루해진 나를 향해
꿈인 듯이 오고 있다

머뭇거림 없이 대문 안 들어서면
황망히 방문 열릴 텐데
한 모금 그 앙증맞은 표주박에

후회로 빚은 막걸리 채우고 싶다
잠에서 깬 듯이 가고 싶다.

그곳엔 지금

호숫가 외길 따라
흙길을 걷고 있었을
찔레꽃 향기가
우리들의 소식 없음을
애타하다
유난히 맑은 햇살의 방문 날
안부를 묻는다

감춤 사이로 살짝 비친
눈물 어린 궁금함을 읽는다
밭 기슭에는 머위 잘 있는지
기다림을 달래다
물가 산자락 하나 그려 놓았는지
답을 보낸다

고즈넉한 호수
그림 속 길인 듯이 취했었지만
이젠 초점 잃은 시선 끝
하늘 호수에 안부를 묻노라고
혼자서는 차마 못 갔었노라고.

그곳에는

무너진 시간마저
먼 기억 되어 가는 나루터에는
고개 너머 성황당에서
두 손 모았던 바람결만이
강 건너 빈 배 기다린다

해와 달처럼
비켜 갈 기다림 알아도
차마 떠나지지 않는 그 맘
바람결 머뭇거린다

마지막 발자국 여기
돌아설 수 없어
찾는 이 없는 폐허 되었어도
돌아보는 날들은 아직
기다림 손꼽는다

어느 비 퍼붓는 날 와도
절절한 반가움의 끈

지울 수 없는 인연의 끈
놓칠 수 없는 기다림의 끈 되어

다시 멈추고 만다.

밤하늘 · 2

흰 파도 듬성하나
인적 없는 빈집 같다
푸르무레한 물빛
집어등 불 밝힌 오징어 배들

어느 어부
바닥까지 긴 낚싯줄 내릴까
수심 깊어 물밑 갇힌
두 손 모은 애달픔

고개 젖히면 언제나 그 높이
절망의 눈빛에
싸늘해진 밤바람도
무릎 꿇는다

그 많은 날들의 오늘이
낯설게 텅 비어서
서러이 떨어뜨리는 눈물
집어등 불들을 밝히고
어둔 맘 항해한다.

연꽃

푸른 이끼 잠든
옛 기와 담 돌으니
간밤에 비 그친 연당
법계에 든 듯하다

해와 달 궁전 있는
여긴 수미산

초록 잎사귀 법당마다
빗물 염주 알

팔만사천 법문 한 잎씩 열[開]면
아련히 전생인 듯이
어디선가 낯익은 범종 소리
별도 망부석이 되는
무색계의 저 고고한 불국토.

회상 · 2

기적 소리 가고 없는
한적한 철길
하늘 길가는 아지랑이에
적막 흔들리는

철삿줄 엮인 강가
강돌 사이 풀
노고지리 노랫말이
그냥 그리워져
물소리 베끼고 있는

넋 놓아 땡볕 아래 쉬던 흙 내음
땀 밴 풀피리 소리에
어스름 푸시시 깨는

강가 봉황산 어디
낮 부엉이 울음
잠든 허공엔 파장
산자락 끝 돌미륵불 전

탑돌이로 내려앉는

아득해진 저 끝
주저 없이 달려가는
맴돌아 종일 맴돌아도 닿지 않는.

묵호방파제

어두움이 비밀스레 길어지고
찬 기운 쓸쓸히 다가와지면
쫓기는 듯이 허허로움 창 연다

시선 끝에 맺혀지는

드넓은 산천
하늘 들판 헤집어 바다에 이른다

오색 속 두 푸름에 갇히어
아 황홀하다
가버린 그 순간 무심하기만 한
꿈이었나

물결 소리
출렁이는 별
그날인 듯이

기억 속 떠나지 못한 시간만이

그러나 이마저 비워야 할 걸 알아
다시 한 번 더 뒤돌아서서 후회 안는

어두움이 비밀스레 길어지고
찬 기운 쓸쓸히 다가와지면
쫓기는 듯이 허허로운 시선 창을 닫는다.

후기

나의 문학관

 아직도 갈 길이 먼 나의 문학세계는 채워야 할 온전한 빈 그릇이다. 부끄럽지만 수준 있는 글 드리지 못하고 시를 가까이 하는 이야기 한 줄 올린다.
 길을 걷다가 목마름을 축이는 옹달샘 같은 시를 쓰고 싶다. 메마름 속에서 감동을 주는 시 한 편은, 고단한 걸음을 멈추고 사색하는 여유를 건넨다. 계곡 물소리 청량한 숲의 공기를 마시듯, 시인의 마음을 품고 싶다.

 검은 호수(묵호墨湖)인 동해시, 철없던 시절이 그곳에 있다. 수심 얕은 망상바다를 바라볼 때마다 그 색에 반하곤 하였다. 하늘과 바다 빛인 천상의 옷에 햇살이 뿌려 놓은 보석들을 장식하고서 푸른 공간을 마음껏 날았다. 이웃하고 있는 냉천바다도 여름 볕은 적적하였고 모래밭은 유난히 하얬다. 친구들과 오르던 안개 자욱한

초록봉은 미로 같은 세상이었다. 무남독녀여서 귀하게 살게 해 주신 부모님은 "공부 잘해서 외국 유학 가거라." 전적인 지지를 해주셨다. 그 평온한 울타리 속에서 나는 거꾸로 돌아 뛰고 말았다. 해야 하는 공부는 하지 않고 그렇게 아까운 시간들을 허비하고 있었다. 자식으로서 작은 기쁨 하나 드리지 못한 불효, 오히려 깊은 아픔만 드렸다. 이제 그 아픔과 상처는 내 것이 되었고, 아득한 그때의 자연 풍경만 남겨졌다.

 늦가을도 가고 초겨울의 문턱이 웃고 있다. 세월과 함께 사랑하는 가족은 떠났고 그 빈자리가 허허롭다. 생사生死의 이별을 하면서, 죽음 없는 영원을 꿈꾸게 되었다. 태양 아래 모든 것은 허무하다는 성인의 말씀처럼 영원한 것이 어디 있을까마는, 인간의 생과 비교할 때 태양, 하늘, 자연의 모습은 영원의 상징이 된다. 이루어지는 꿈은 아니지만, 시 공간에 들 때 난 나의 꿈을 펼친다.
 "필요불가결必要不可缺한 것 외는 대체로 무시하라 무아무심無我無心의 집착 없는 마음 철저할 때 가상의 세상 걸림 없이 산다." 하신 부모님의 말씀과는 아직도 정반대로 서 있다. 뜻하지 않은 일상에서 오는 모든 힘듦을, 힘듦 그대로 감당하고 있기 때문이다.

 슬픔과 기쁨 그 분별 자체도 알고 보면 크게 의미가 없지만, 단순한 계산으로는 분명 기쁨이 낫다. 행복한 시간을 원할 때 내가 가장 쉽게 접근하는 방법이 시의 공간에 드는 거다. 깨끗한 자연이 되어 걸림 없는 나그네가 된다. 새벽녘 무수無數한 젖은 별들의 허공처럼 끝도 없이 샘솟는 저 무한의 세상에서 태고의 신비를 안는다. 그 오묘한 환희를 끄집어내어 시로 탄생시키지는 못하지만 부족한 대로 시의 농사를 봄의 마음으로 가꾸고 있다. 화려하지는 않지만 아무 곳에서나 편하게 보이는 들에 쑥과 같은 수확을 꿈꾸면서 고독한 시간들을 견딘다.

문학의 기능은 독자에게 쾌락적(기쁨)이고 교훈적이고 종합적이어야 한다. "문학이 우리를 구원할 것인가"란 물음 앞에 "나는 지금 구원받고 있다"라고 생각한다.

문학은 넘지 못하는 현실 앞에선 허물어진 장벽이기도 하다. 알지 못하는 미지의 세상도 상상의 나래를 한껏 펼쳐서 날아간다. 어둡고 소외된 영역에도 질그릇같이, 무명옷같이 소박한 글들이 가득 자리 잡아서 정신세계를 한층 더 맑고 순수純粹하게 가꾸어 주기를 기대한다. 따뜻한 글들이 난무하여 밝고 편안한 사회의 주체가 되기를 믿는다. 그래서 옳지 않은 사람들의 사고가 마법처럼 중독되어 공기처럼 물처럼 변해서 기초되는 법마저도 필요 없는 세상이기를 바란다.

2023년 5월에
강인숙

비 내리는
바닷가에
서서

발행 l 2023년 5월 30일
지은이 l 강인숙
펴낸이 l 김명덕
펴낸곳 l 한강출판사
홈페이지 l www.mhspace.co.kr
등록 l 1988년 1월 15일(제8-39호)
주소 l 서울시 종로구 인사동11길 16, 303호(관훈동)
전화 02-735-4257, 734-4283 팩스 02-739-4285

값 11,000원

ISBN 978-89-5794-531-5 04810
      978-89-88440-00-1 (세트)

※저자와의 협약에 의해 인지는 생략합니다.
※이 책의 저작권은 저자와 본 출판사에 있습니다.
※잘못된 책은 바꾸어 드립니다.